© واحة الحكايات للنشر والتوزيع
الإمارات العربية المتحدة
واحة دبي للسليكون
Wahat Alhekayat publishing
and distribution
Dubai - UAE

UAE: 0097143336366
00971504599804
00971558236687
E: info@wahatalhekayat.com
متجر واحة الحكايات
www.wahatalhekayat.com
أكاديمية واحة الحكايات
مكتبة إلكترونية ومنصة تعليمية
www.wahatalhekayat.academy
لماذا أحبها؟
تأليف: د. صفاء عزمي
رسوم: حسن السعدي
إذن طباعة وإجازة تداول
MC-10-01-1700864
الطبعة الثانية عام 2023
ISBN 9789948194323

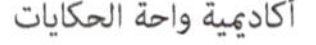

أكاديمية واحة الحكايات   متجر واحة الحكايات

لِماذا أحبُّها؟

تأليف: صفـاء عـزمـي

رسوم: حسن السعدي

قِطَّتي الصَّغيرَةُ اسمُها جِنان...

نَشيطَةٌ، لَطيفَةٌ، وتُحِبُّ الحَنان.

قِطَّتي الصَّغيرَةُ تُحِبُّ (البالونات).

أنا أتأرْجَحُ وهِيَ تَطيرُ

في السَّماوات.

قِطَّتي الصَّغيرةُ تُحِبُّ الكارْتُون،

تَجْلِسُ مَعِي أَمَامَ التِّلِيفِزْيُون.

قِطَّتي الصَّغيرَةُ تُحِبُّ الحَفَلات،

وكُلَّ حَفْلَةٍ نَخْبِزُ كَعْكَةً،

ونُزَيِّنُها بِالكَرَزات.

ولَمَّا أتْعَبُ جِدًّا وأنام ... تُنادي

وتَقولُ: لا تَنامي قَبْلَ الظَّلام ...

إذا أَكَلنا مَعًا طَعامَ العَشاء،

وقَرَأنا قِصَّةَ الـمَساء،

عِنْدَها يُـمْكِنُ أنْ نَنامَ،

ومَعًا... نَتَشارَكُ...

أَحْلى الأَحْلام.

<table>
<tr><td>1</td><td>

أن   لا   كُلُّ   في   هيَ

</td></tr>
<tr><td>2</td><td>

إذا   لَمّا   مَعي   أنا

</td></tr>
<tr><td>3</td><td>

(اسمُها)   اسمُ   (قِطّتي)   قِطّة

جِدًّا   قِصّة   قَبْلَ   تُحِبُّ   معًا

</td></tr>
<tr><td>4</td><td>

تَقولُ   أنام   تَطير   طَعام   حَنان   جِنان

نَشيطَة (نَشيطَ)   سَعيدَة (سَعيدَ)

أحْلى   (العَشاء) عَشاء   (الظَّلام) ظَّلام

(الصَّغيرة) صَغيرَ (صَغيرة)   مَساء (الـمَساء)

</td></tr>
</table>

يُـمْكِنُ   تَجْلِسُ   أَتْعَبُ

حَفْلَة   نَخْبِزُ   كَعْكَةً

نُزَيِّنُ (نُزَيِّنُـها)

5

بالونات (البالونات)   أَحْلام (الأَحْلام)

سَـماوات (السَّـماوات)   كارتـون (الكارتـون)

تِليفِزْيـون (التِّليفِزْيـون)   حَفَـلات (الحَفَـلات)

كَرَزات (الكَرَزات) (بِالكَرَزات)

تَنامي   أَكَلْنا   قَرَأْنا   تُنادي

عِنْدها   نَتَشارَكُ   أَتَأَرْجَحُ

6

المرحلة الأولى

القصص في المرحلة الأولى تتكون من عدد محدد من الكلمات البسيطة في القراءة والنطق, في القصص ربط مباشر بين الصور والكلمات، وفي كل صفحة جملة واحدة، الكلمات بسيطة ومكررة، والصور واضحة ومعبرة، وفكرة القصة تتيح المشاركة والنقاش في جو من السعادة.

قبل القراءة: نقرأ العنوان ونتحدث عن صورة الغلاف، نفتح الكتاب، وننظر إلى الصور، ونثير عدة ملاحظات وتعليقات، على الصور، والشخصيات، وتعبيرات الوجه، والأماكن، والملابس، مما يولد لدى الطفل الفضول والاهتمام بالقصة.

أثناء القراءة: بعض الأطفال يحب أن يبدأ القراءة، وبعضهم يحب الاستماع، وفي الحالتين يجب أن نشجع الطفل، فمن المهم أن يتولد لديه الاهتمام وحب القراءة.

في حالة الاستماع للطفل الذي يحب القراءة بنفسه: عندما يبدأ الطفل القراءة، يجب أن نساعده بالإشارة و نطق الحرف الأول من الكلمات الصعبة إذا احتاج لذلك، حتى لا يفقد حماسته.

في حالة القراءة للطفل الذي يحب الاستماع: أثناء قيامنا بالقراءة يجب أن نشجع الطفل على المشاركة في قراءة الكلمات البسيطة، ونساعده بالإشارة إلى الحرف الأول، فهذا يساعد على جذب نظر الطفل إلى الكلمة ومن ثَمَّ يحاول قراءتها تدريجيا، وفي كلتا الحالتين، فإن الإشارة إلى الصورة في الوقت المناسب تساعد على تأكيد المعنى، وتخطي صعوبات النطق والقراءة.

بعـض القصـص فيهـا مجـال للغنـاء والتمثيـل، فيجـب أن نسـتغل هـذه الفرصـة فنسـتعمل النغمـات والإشـارات للاسـتماع والتكـرار. ويجـب أن لا ننسـى أن نشـجع الطفـل طـوال الوقـت.

بعـد إكمـال قـراءة قصـص المرحلـة الأولـى : نعـود إلى المفـردات في نهايـة كل قصـة ونسـاعد الطفـل علـى قـراءة المفـردات مستعينين ببعـض الأسـاليب السـابقة، وقـد قمـت بجمـع مفـردات القصـة وتقسـيمها إلى سـت مجموعـات تبعا لعـدد الـحروف:

المجموعة 1 : كلمات من حرفين

المجموعة 2 : كلمات من ثلاثة أحرف منها حرف مدّ.

المجموعة 3 : كلمات من ثلاثة أحرف.

المجموعة 4 : كلمات من أربعة أحرف منها حرف مدّ.

المجموعة 5 : كلمات من أربعة أحرف.

المجموعة 6 : كلمات من خمسة أحرف أو أكثر.

في المجموعة السادسة نشير إلى الكلمة ونقرأها ثم نطلب من الصغير أن يشير ويرددّ وراءنا .

ملاحظات للمعلم: قُمت باختيار بعض الكلمات ووضعتها بين قوسين مثال: (لعبَت)

ثـم وضعـت الكلمـة الأصليـة خـارج القوسـين مثـال: لعـبَ (لعبَـت)، مـع الاحتفـاظ بتشـكيلها الأصلـي مثـال: حمـاسٍ (بحمـاسٍ) وقـد اخـترت هـذه الكلمـات كالتـالي:

1 - الكلـمات التـي تبـدأ بـ (ال) القمريـة، الكلـمات التـي تنتهـي بحـرف مُنـوَّن، والكلمـات التـي تشـتمل علـى (حـرف جـر، تـاء التأنيـث ، ضمـير . . . .) بـشرط ألّا يتغـير تشـكيل هـذه الكلمـات بعـد تجريدهـا.

2 - الكلـمات التـي تبـدأ بـ (ال) الشمسية.

ما عدا ذلك فقد وَضَعت الكلمات كما وردت في القصة في المجموعة المناسبة تبعًا لعدد الحروف.

صفاء عزمي